En primavera, cuando empieza a hacer calor, la nieve de la cumbre de las montañas se derrite.

—El campo está muy bonito: las praderas están verdes y hay muchas flores.

—Abuela, vamos a ver el río.
—Bueno, pero tened cuidado.

—¡Mira, Colega, un pez!
—No, mira: ¡hay muchos peces!

3

—El agua está muy fría.
—¡Ana, tu calcetín!

—Rubén, espera mientras
me pongo la bota.
—¡Corre, Ana!

—¡Rubén, está lloviendo!
—Vamos, ¡el calcetín está en aquel tronco!

—¡Cuidado, Colega!
—¡Ya lo tienes, bravo!

—¡Un rayo! ¡Hay tormenta!
—¡Vamos a esa casa!

—¿Dónde estamos?
—No sé, esto es un granero, ¿no?

—Tengo toda la ropa mojada.
¿Estamos lejos de la casa de los abuelos?

—No lo sé. Escucha, ¿qué es ese ruido?
¡Hay un animal en esa habitación!

—¡Es un gato muy grande! Rubén, ¿hay tigres en España?
—No. A lo mejor es un lince.

—¿Un lince salvaje? ¡Rubén, tengo miedo!
—Escucha, es la abuela.

¡Ana, Rubén!

—¡La puerta se abre!
—¡Abuela, hay un lince!

—¿Un lince? Es Lola, la hermana de Zoa.
—¿La hermana de la gata de Rubén? ¡Es muy grande!

—Es que va a tener gatitos.
—¿Hay gatitos ahí, dentro de su tripa?
—Sí. Vamos a casa.

—¿Cuántos gatitos hay?
—Hay uno, dos, tres, cuatro, cinco y... ¡seis gatitos!